LA FRANCE

DRAMATIQUE

AU

DIX-NEUVIÈME SIÈCLE.

Vaudeville.

BÉLISARIO,

VAUDEVILLE EN DEUX ACTES.

540 — 541

PARIS

J.-N. BARBA,
AU PALAIS-ROYAL,
Derrière le Théâtre-Français.

DELLOYE,
RUE DES FILLES-S.-THOMAS,
Près de la Bourse.

BEZOU,
BOULEVARD S.-MARTIN,
Et rue Meslay, n° 34.

AU MAGASIN GÉNÉRAL DES PIÈCES DE THÉÂTRE

DE CH. TRESSE, SUCCESSEUR DE J.-N. BARBA,
Palais-Royal, Grande Cour, derrière le Théâtre-Français.

1839

BÉLISARIO

OU

L'OPÉRA IMPOSSIBLE,

VAUDEVILLE EN DEUX ACTES,

PAR MM. CARMOUCHE ET FERDINAND LALOUE,

Représenté pour la première fois, à Paris, sur le théâtre du Vaudeville,
le 12 octobre 1839.

DISTRIBUTION DE LA PIÈCE:

BAROGO, vieux chanteur usé................................	MM. LEPEINTRE jeune.
PAOLO, matelot provençal.....................................	TILLY.
FONTANAROSE, directeur du théâtre Carlo-Felice, à Gênes......	AMANT.
CARLINI, domestique...	MALHERBE.
PIETRO, valet de la comtesse.................................	LUDOVIC.
UN SECRÉTAIRE DU GOUVERNEUR.............................	CAMIADE.
CASCARO.	Le petit TARANNE.
NIZZA, fille de Barogo.......................................	Mmes DOCHE.
LA COMTESSE DE MONTEFIORRI, vieille mélomane...........	GUILLEMIN.
HOMMES ET FEMMES, SBIRES.	

La scène est à Gênes.

ACTE PREMIER.

Le théâtre représente une mansarde; çà et là de vieux instruments; à gauche du public, un vieux piano carré; au fond, une harpe, des partitions, des cahiers de musique. Le mobilier est incomplet et pauvre. Au fond, une table carrée à manger; à droite, au premier plan, une table à écrire. Une porte au fond, à droite une porte de cabinet; à gauche, en haut, une armoire de ménage.

SCÈNE I.

NIZZA, seule, à la porte du fond; elle parle à quelqu'un que l'on ne voit pas.

Vous dites, monsieur, que vous enverrez un huissier pour saisir? Saisir quoi? mon Dieu!... Vous ne voulez plus revenir!... C'est bien, monsieur, ne prenez pas cette peine... mon père est un honnête homme!... nous ferons tout notre possible pour que votre loyer vous soit payé dans la matinée... (Elle referme la porte.) S'il n'est pas soldé aujourd'hui, demain nous serons sans asile!... Ah! mon Dieu! quand tout cela finira-t-il?... (On frappe à la porte.) Allons! on frappe encore... pour de l'argent, sans doute.

SCÈNE II.

NIZZA, LA COMTESSE DE MONTEFIORRI.

LA COMTESSE.
Il signor Barogo?

NIZZA.
C'est ici, madame... je suis sa fille.

La position des personnages est indiquée en tête de chaque scène. Le premier inscrit tient la gauche du spectateur. Les changements de position sont marqués dans le cours de la pièce.

LA COMTESSE, essoufflée.

Votre escalier est une terrible gamme à monter... Ah! comment peut-on loger aussi haut?... dans mon palais, jamais... Je voudrais parler à votre père lui-même.

NIZZA, très polie et la faisant asseoir.

Si madame veut bien l'attendre... Est-ce pour des leçons?

LA COMTESSE, avec dédain.

Je ne suis pas une écolière, ma chère... surtout pour le signor Barogo!

NIZZA.

Ah! tant pis! J'aurais été si heureuse qu'il trouvât une élève... (se reprenant.) aussi distinguée que madame!... Mais il a tant de malheur, ce pauvre père!

LA COMTESSE.

Est-ce que l'ancien chanteur Barogo n'a pas amassé un peu d'aisance?... (lorgnant autour d'elle.) Il est avare, peut-être, et garde sa fortune en portefeuille.

NIZZA.

Oh! madame... son portefeuille n'est rempli que des articles de journaux qui parlent de ses anciens succès; c'est la seule chose qu'il en ait recueillie!... Revenu à Gênes, où il a brillé autrefois, on n'a pas voulu l'engager... Pressé par le besoin, mais sous le prétexte de répandre toujours la bonne méthode du chant et de faire honte aux chanteurs du théâtre... il en a été réduit à chanter le soir sur la place de *Carlo-Felice...*

AIR : *Sois fidèle à ta compagne.*

Ah! madame, pour toujours
Je serais reconnaissante
Si votre main bienfaisante
Lui donnait quelque secours.
Lui-même, de sa misère
Ici ne conviendrait pas;
S'il entendait ma prière,
Il me gronderait, hélas!
Je tremble en osant la faire;
Mais, malgré mon embarras,
En demandant pour son père
Un enfant ne rougit pas.

LA COMTESSE.

Je ne vous en veux pas; telle que vous me voyez, j'ai une sensibilité épouvantable... J'espère que votre père pourra me servir... et dès lors, si quelques petits secours...

NIZZA.

Oh! madame... mais il est si fier et si difficile à obliger!... Il n'accepterait pas un écu sans l'avoir gagné par son talent!

LA COMTESSE, dédaigneusement.

Ces vieux artistes sont des espèces de fous, malheureux par leur faute... (Nizza fait un geste.) Moi aussi, mon enfant, j'ai eu mes malheurs!... Hélas! une idée fixe dans le cœur, une passion désordonnée!

(Elle se lève.)

NIZZA, riant.

Vous, madame!... Mais une semblable confidence...

(Elle s'éloigne un peu sur l'avant-scène.)

LA COMTESSE, la suivant.

Apprenez que j'aime, que j'adore, que j'idolâtre même... une voix! une simple voix!

NIZZA.

Une voix!

LA COMTESSE.

Mais de celles qui portent dans l'âme de douces et profondes émotions... une voix qui va à l'*ut*... de poitrine... pas ce petit *ut* maigre et chétif que certains chanteurs prennent entre le nez et l'os frontal... non, un de ces beaux *ut* sortant de là... du cœur! et allant retentir jusque dans des espaces non imaginaires!

NIZZA, à part.

Ah! çà, elle dit que mon père est un vieux fou?...

LA COMTESSE.

Dans ma jeunesse, j'ai aimé un *fa-dièse* qui m'a causé de grands chagrins... il appartenait à une basse-taille du théâtre de Milan... Vous savez qu'en général la basse-taille dessert plus souvent Bacchus qu'Apollon, et boit encore plus qu'elle ne chante... Le malheureux perdait son *fa* deux fois par semaine; il lui restait à peine le *dièse.*

NIZZA, à part.

Quel galimatias musical!

LA COMTESSE.

Plus tard, je dois dire que j'ai trouvé un *la* (c'était à Turin) qui m'a laissé de bien agréables souvenirs!... c'était un *la* prodigieux... comme on en trouvait avant la révolution!... Ils sont bien rares à présent mon enfant, et n'en a pas qui veut!... Celui-là, c'était le comte de Montefiorri; j'en fis mon époux, et il me rendit bien malheureuse, car c'était le plus grand sot... Il est mort, je dois respecter sa mémoire!... Maintenant, j'en suis arrivée à l'*ut* dont je vous parlais tout à l'heure... Celui-là, il est dans cette ville, il brille au théâtre Royal.

NIZZA, très étonnée.

Ah!... serait-ce le seigneur Belmonti?

LA COMTESSE.

Les savants prétendent que ce n'est qu'un baryton, une voix de concordant... Mais il a l'*ut* que je cherche. Le connaissez-vous?

NIZZA, hésitant.

Un peu... de réputation... (détournant la tête, à part.) Elle aime Belmonti! elle serait ma rivale!

LA COMTESSE.

Oh! le monstre! Pour lui j'avais pris une superbe loge d'avant-scène... pour lui je vais au théâtre avant le lever du rideau... Mon bouquet est toujours tombé à ses pieds après son grand air... au moment de son *ut*... Il ne l'a jamais ramassé, ma chère!

NIZZA, rassurée, à part.

Ah! (haut, riant.) C'est sans doute, par respect
pour madame...

LA COMTESSE.

Son respect est une impertinence!... Aussi l'insolent Belmonti sera puni.

NIZZA, vivement.

Que lui ferez-vous donc, madame?

LA COMTESSE, avec force.

Je l'oublierai, ma chère! je l'accablerai de mon
indifférence!... Mais je me vengerai aussi!. et
vous pourrez m'y aider... D'abord j'ai entendu
dans vos petits concerts une espèce d'ouvrier
qui paraît s'être joint à vous depuis quelque
temps... et qui m'a rappelé l'*ut* de ce traître
Belmonti... de fort loin, il est vrai; mais enfin,
il me l'a rappelé.

NIZZA, à part.

Ah! je le crois.

LA COMTESSE.

Qu'est-ce que c'est que cet homme-là? Je n'ai
jamais vu sa figure... Le soir on ne peut juger.

NIZZA.

Il n'est pas trop mal; c'est un bon gros ouvrier du port.

LA COMTESSE.

Il est, je crois, d'origine française? Alors, quelque savoir-vivre... de la politesse?

NIZZA.

Oh! beaucoup... pour un marin.

LA COMTESSE.

Ah! oui, des sons aussi purs ne peuvent ap-
partenir à un homme ordinaire. Et, dites-moi,
il est pauvre, n'est-ce pas?

NIZZA.

Mais je crois que... oui, madame.

LA COMTESSE.

Vous me ravissez! Pauvre, jeune... car il est
jeune, n'est-ce pas? Tant mieux... je l'enrichi-
rai. C'est une voix que j'achèterai; je le ferai
chanter quand je voudrai. (à part.) Je vais lui
offrir de l'or, lui en laisser. (haut.) Donnez-moi
une plume et du papier.

NIZZA, avec humeur.

Madame, nous n'avons pas de papier à écrire.

LA COMTESSE, riant et allant à une petite table à droite
du public.

Du papier de musique cela sera de circonstance. (s'asseyant et prenant un morceau de papier.) Deux
mots seulement... (écrivant.) «Le charme de votre voix a subjugué une personne qui vous veut
du bien. Attachez-vous à elle, votre fortune est
faite.» Là! (Elle se lève.) Chère petite, gardez-
moi le secret; remettez-lui ce billet et cette
bourse. Mon laquais viendra prendre la réponse.
Adieu, adieu!

(Elle arrange son voile.)

SCÈNE III.

FONTANAROSE, NIZZA, LA COMTESSE.

FONTANAROSE, entrant brusquement.

Bonjour, mademoiselle; salut, madame.

LA COMTESSE, se retournant vivement, met son voile
et dit bas à Nizza.

Ne me nommez pas devant cet homme!

(Elle sort.)

NIZZA, bas.

Non, madame.

FONTANAROSE, regardant la femme qui sort.

Tournure de demi-siècle. J'ai vu ça quelque
part... Signora, votre père n'est pas ici?

NIZZA.

Non, monsieur; il est allé chez le signor Veloni.

FONTANAROSE, posant son chapeau sur le piano.

Le riche boucher? Il voudrait tâcher de payer
son rôti en musique; il a déjà fait la même pro-
position à son boulanger, mais ça n'a pas pu
prendre... (Nizza paraît surprise.) Je le connais,
votre père; j'ai l'honneur et le malheur d'être
directeur du grand théâtre de Gênes.

NIZZA, reculant d'un pas.

Vous, monsieur! qui êtes la cause d'une par-
tie de ses infortunes?...

FONTANAROSE.

Y pensez-vous?

NIZZA.

Oh! le public l'aurait laissé passer; il a eu tant
de succès, il était si aimé autrefois!

FONTANAROSE, toujours vif, brusque.

Ah! autrefois; mais aujourd'hui votre père est
fort mauvais!... Vous avez trop de goût, trop de
raison pour...

NIZZA, baissant les yeux.

Je ne puis pas convenir de cela, parce qu'enfin c'est mon père.

FONTANAROSE.

D'accord; mais les spectateurs ne sont pas
ses enfants!... Un vieux têtu pareil! qui ne veut
pas renoncer à se croire un ténor, qui ne se con-
tente pas d'avoir été sifflé partout... vous emme-
ner chanter sur la place publique! vous, si distinguée, si jolie!

NIZZA.

Puisque nous en sommes réduits à ce moyen
d'existence...

FONTANAROSE.

Ta, ta, ta! c'est de l'orgueil. Savez-vous ce
qu'il veut avec son vieux tapis et ses deux chandelles?... Il veut exciter une révolution musi-
cale contre moi; il croit que le public, indigné de
voir l'ex-grand Barogo chanter en plein vent, se
lèvera en masse pour demander sa réintégra-
tion au théâtre; il voudrait un triomphe popu-

laire dans le genre de Mazaniello... Pauvre homme !

NIZZA, piquée.

C'est sans doute pour me dire autre chose?

FONTANAROSE.

Le voici : je suis chagriné de la situation dans laquelle vous vous trouvez ainsi que votre vieux fou de père. Une occasion se présente de lui être utile, et...

NIZZA.

En verité ?... Ah! que je vous en sais bon gré!

FONTANAROSE.

La place de chef des chœurs et de répétiteur est vacante, je la lui donnerai avec de bons appointements, à deux conditions : la première, c'est qu'il l'acceptera; la seconde, qu'il me cherchera quelques sujets, quelques choristes. J'ai l'intention d'ouvrir une classe d'élèves, il pourrait m'en fournir... L'autre soir, sur la place, j'ai entendu avec vous un garçon qui a une bonne voix, du moins il m'a fait cet effet-là.

NIZZA, à part.

Il ne l'a pas reconnu !

FONTANAROSE.

Ça n'a pas d'idée du chant, ça manque de méthode, mais le timbre n'est pas mauvais. Ce garçon est-il un peu intelligent?

NIZZA.

Oh! non; cependant il ne se tire pas mal d'une position assez difficile. Mais vous avez des sujets si...

FONTANAROSE, avec humeur.

Oui, le premier, dont les dames génoises raffolent, que les grands seigneurs admettent à leurs réunions... (avec colère.) et que moi, je voudrais voir à tous les diables! ce fameux Belmonti... Vous en avez entendu parler ?

NIZZA.

Oh! oui; il a beaucoup de réputation, quoi qu'en dise mon père.

FONTANAROSE.

Il va le décriant partout. C'est Belmonti qui l'a toujours remplacé dans toutes les villes d'Italie; il doit le détester!... Or, je ne serais pas fâché de lui trouver quelque doublure, quelque épouvantail qui rendrait moins important le bel Alcindor... Est-ce que vous ne pensez pas qu'on pourrait former cet ouvrier qui chante avec Barogo?

NIZZA.

Oh! c'est son élève favori, il ne consentirait jamais à vous le céder.

FONTANAROSE.

Mais à la condition de lui donner aussi une place. D'ailleurs, il lui apprendra le répertoire. Barogo chantera par la voix de son élève; il sera premier ténor par procuration, et vous serez tout ce que vous voudrez... hein?... Arrangez-

moi cela, vous qui avez de l'esprit ; faites entendre raison à votre père.

NIZZA.

Monsieur, je crains qu'il ne revienne; s'il me voyait avec vous il entrerait en fureur.

FONTANAROSE, allant à gauche.

Je me retire; je ne veux vous causer aucune peine. (d'un ton léger.) Comment appelez-vous le garçon en question?

NIZZA.

Paolo, monsieur.

FONTANAROSE.

Et ça demeure-t-il quelque part ?

NIZZA.

Ah! vous m'en demandez trop.

FONTANAROSE, à part, en prenant son chapeau sur le piano.

Je ne sais si elle m'a deviné, mais elle joue serré, la petite. (haut.) Eh bien! dites seulement à Paolo qu'il vienne me trouver, que je ferai sa fortune, que j'aurai soin du père Barogo et de vous aussi... Adieu, mon enfant... (lui frappant sur la joue.) Je vous veux du bien, beaucoup de bien ; entendez-vous ?

(Il sort.)

SCÈNE IV.

NIZZA, seule.

Comment! deux personnes furieuses contre Belmonti et qui veulent lui opposer un pauvre chanteur des rues! Voilà qui est singulier et qui peut devenir fort embarrassant. Ah! je ne sais pas, j'ai de tristes pressentiments, et je crains bien que cette journée... Mais j'entends mon Paolo.

(Ritournelle de l'air suivant.)

SCÈNE V.

NIZZA, PAOLO habillé en matelot. Il entre en chantant et vient se placer à droite.

AIR de M. Tilly (arrangé par M. Doche).
Gai matelot, prends ta nacelle,
　Gai matelot,
　Brave le flot!
Prends l'aviron... Pour voir ta belle,
　Pars bien content,
　Elle t'attend.
　Nargue l'orage
　Et ne fais pas naufrage,
Ou que du moins ce ne soit qu'au retour.
　Viens, ma conquête;
　C'est jour de fête!
　Si la tempête
　Frappe ma tête,
Ah! que du moins ce ne soit qu'au retour!

(Nizza se rapproche de lui et ils reprennent ensemble en duo.)

NIZZA, reculant et ouvrant les bras.

Vous voilà donc, monsieur Belmonti? l'homme à la mode!

PAOLO, regardant autour de lui et baragouinant en provençal.

Comment, monsieur Belmonti? Qu'est-ce que vous dites donc, mademoiselle Nizza?

NIZZA.

Ah! ne craignez rien, monsieur, nous sommes seuls.

PAOLO, d'une voix naturelle.

Il n'y est pas?... (Il pose son chapeau ciré sur la table à écrire.) N'importe! appelez-moi toujours Paolo; j'aime mieux ce nom-là, sous lequel vous pouvez aimer l'élève prétendu de votre père, le célèbre Barogo... Où donc est-il allé? à la pêche des écoliers?... Nous pouvons causer librement. D'abord, j'ai à vous dire qu'on a pensé, qu'on a rêvé à vous, etc., etc.; enfin, le répertoire ordinaire des amoureux.

NIZZA.

Vous m'aimez donc encore?

PAOLO.

Vous le savez bien, méchante!

NIZZA, gracieusement.

Certainement on le sait! mais on le demande toujours.

PAOLO.

La réponse doit être un bon gros baiser de marin... si vous permettez la valiscence, toutefois! (Il retire son chapeau comiquement et l'embrasse.)

NIZZA, sans se défendre.

Finissez, monsieur.

PAOLO, l'embrassant de l'autre côté.

Voilà, j'ai fini.

NIZZA.

Nous avons beaucoup de choses à nous dire, et des choses sérieuses!

PAOLO.

Le sérieux n'est guère dans mon genre; mais voyons, qu'y a-t-il de nouveau?... Est-ce que votre père aurait découvert?...

NIZZA.

Non, Dieu merci! Le tromper n'est pas une chose difficile, quoique souvent j'en aie bien des remords, et que sa haine pour le signor Belmonti...

PAOLO.

Ah! vous savez mieux que personne si je la mérite!

NIZZA.

Oh! dieux!

PAOLO.

L'année dernière, en passant à Parme, j'apprends que le pauvre Barogo, directeur du théâtre, était en faillite et fuyait devant ses farouches créanciers, qui le poursuivaient en chantant un morceau d'ensemble épouvantable... J'avais quelques milliers de louis, restes fameux, débris superbes d'un petit héritage que j'étais en train de

divertir... Je me dis : « Ma foi! offrons-les à ce pauvre diable; il me pardonnera peut-être ses chutes! et moi, je m'en porterai mieux...,» J'accours dans l'auberge où on allait l'arrêter... Je vous vois... je suis frappé d'une passion subite... d'un véritable amour d'opéra... Mais, pour qu'il ne refuse pas lui-même, vous me suppliez, avec des larmes dans les yeux, de ne pas me nommer... et je me fais passer pour un gros prince russe ou pour un magnifique Autrichien, je ne sais plus lequel... de sorte que je disparais pour n'être pas reconnu, emportant, pour prix de ma bonne action, votre reconnaissance, une bourse vide et un cœur plein d'amour.

NIZZA.

S'il pouvait savoir cela... Mais par malheur vous vous appelez Belmonti!

PAOLO.

Depuis ce temps-là je cours après vous... Un beau soir, à la suite d'un bal où j'étais déguisé en marin, je vous retrouve à Gênes... Pour vous voir, pour vous aimer, je suis obligé de rester déguisé en matelot provençal; et depuis ce temps-là aussi votre père, à qui Belmonti a rendu tous les bons offices possibles, ne peut pas le souffrir, il l'exècre, et il est plein de reconnaissance pour les princes russes qui ne lui ont jamais donné un sou! Voilà comme les hommes sont ingrats! Je vous le demande, est-ce ma faute?

NIZZA.

Oui; mais il vous adore sous le nom de Paolo, qui a bien voulu chanter avec lui le soir sur la place *Carlo-Felice*, et qui lui a fait faire de bonnes recettes.

PAOLO.

J'ai déjà subi deux fois cette ovation ambulante.

NIZZA.

Et malheureusement, d'après ce qui se passe, je crains bien que vous ne le puissiez plus sans le plus grand danger pour vous.

PAOLO, vivement.

Comment donc cela?

NIZZA.

On vous a entendu, remarqué... et aujourd'hui même votre directeur est venu ici, pour enrôler dans sa troupe le chanteur du peuple, le pauvre Paolo, mécontent qu'il est d'un nommé Belmonti qui le fait enrager et se donner au diable!

PAOLO.

En vérité?... Comment! cet Harpagon de Fontanarose veut me trouver un rival!... et c'est à moi qu'il veut s'adresser!.. C'est parfait!

NIZZA.

Mais il y a encore autre chose! Qu'est-ce que c'est, s'il vous plaît, monsieur, qu'une certaine belle dame, une comtesse qui veut aussi se venger de l'ingrat Belmonti?

PAOLO.

Oh ! oh ! une conquête ?

NIZZA, tirant la lettre d'abord et ensuite la bourse.

Une lettre... d'un style brûlant... et de l'or...
Vous le voyez, de la séduction sous toutes les
formes !

PAOLO, prenant la lettre et riant.

Oh !.. la vieille folle de comtesse Montefiorri !...
(Il déchire le billet.) Voilà pour la correspondance...
(Il prend la bourse.) Mon domestique est dans la
petite chambre que j'ai louée à côté... et quant à
l'or, il va le reporter tout à l'heure même chez le
concierge de son palais. (gaîment.) Tout cela
n'est rien !

NIZZA, étonnée.

Comment ! vous voilà pourchassé de deux côtés différents !... Malgré votre déguisement vous
serez guetté, on peut vous reconnaître ; et alors,
fureur du directeur, fureur de mon père... sépa-
ration !... enfin, malheur pour tout le monde !

PAOLO.

Et désespoir pour les deux amants... Mais,
tron de l'air ! il ne faut jamais désespérer !...
J'ai signifié très positivement à mon directeur
que je tenais, non-seulement à être payé de mon
mois échu, mais encore à avoir une avance... Je
vous donnerai ce matin une lettre pour son caissier ; nous aurons assez d'argent pour payer le
propriétaire et tous vos créanciers... et alors
nous serons en état de tout dire à votre père.

NIZZA.

Ah ! santa Maria !... jugez donc !... Quand il
apprendra que celui qu'il a cru son élève savait
la musique aussi bien que lui !...

PAOLO.

Je lui dirai que je ne savais rien avant d'avoir
pris ses excellentes leçons... Allons donc ! du
courage !

DUETTO.

Air : *Riches broderies* (Cosimo).

PAOLO et NIZZA.

Chassons la tristesse,
Espérons sans cesse,
Car il est des dieux
Qui, pleins de clémence,
Sont la providence
Des cœurs amoureux !

PAOLO.

Des cœurs amoureux
Et malheureux.

NIZZA.

Avec la tendresse.

PAOLO.

Avec la jeunesse,
Tout arrive à bien.
Ne craignons donc rien...
Beaucoup d'espérance,
Un peu de constance.

NIZZA.

Beaucoup de constance.

TOUS DEUX.

La ! la ! la ! la ! la !
Le bonheur viendra !

(On entend tousser au fond.)

PAOLO.

J'entends mon illustre professeur, et je me
cache !

(Il prend son chapeau et entre dans le cabinet à
droite.)

NIZZA.

Voilà comme vous êtes courageux !

SCÈNE VI.

BAROGO, NIZZA.

(Barogo est habillé d'une façon originale et négligée,
dans le genre du professeur italien aux habits de soie.)

NIZZA.

Ah ! vous voilà... bonjour, mon père...

BAROGO, d'un air distrait.

Bonjour, fille d'un grand homme !

NIZZA.

Eh bien ! comment ça va-t-il ?

BAROGO.

Comme vous voyez... je me porte assez bien...

NIZZA.

Dieu, merci ! Je veux parler des affaires...

BAROGO, son chapeau en l'air.

Des affaires ? Est-ce que je suis par hasard un
homme d'affaires, un maltôtier, un banquier, un
marron ?... Est-ce que vous confondriez un artiste avec cette classe anti-musicale ?

NIZZA.

Je veux dire vos écoliers... la signora Veloni...
Vous êtes vous arrangé...

BAROGO, posant son chapeau sur le piano.

La fille du boucher ! Fi donc ! ce n'est pas une
élève digne de moi !... Une voix de mouton !...
et son père est un âne, un Midas.

NIZZA, à elle-même.

Il n'aura pas pu le décider.

BAROGO, à part.

Stupide coupeur de viande ! refuser des leçons
de mon art sublime pour paiement de quelques
misérables côtelettes de veau, qui souvent sont
dures !... O Rubini ! si tu apprenais cela, que di-
rais-tu ?... Mais ce pays est infâme !... Italie dé-
générée, va ! Je ne reconnais plus mon pays !...

NIZZA.

Ainsi donc vous revenez encore sans argent,
et...

BAROGO.

Eh bien ! quoi !... c'est comme à l'ordinaire...

L'argent !... ce sont des détails de ménage qui regardent les femmes !

NIZZA, avec humeur.

En attendant... (se reprenant.) Mais, tenez... c'est inutile de rien vous dire !

BAROGO.

Laisse-moi... Je suis dans une exaspération !... il me serait impossible de chanter la moindre ariette... *Do, ré, mi, fa...* (Il a une espèce de hoquet.) C'est ça, étranglé !... Croirais-tu que le banquiste de directeur annonce aujourd'hui son prétendu ténor, qui n'est qu'un baryton déguisé, cet écorcheur de partitions; il l'annonce, avec des lettres longues comme mon bras, *le signor Belmonti* ! un croqueur de notes ! le créateur du kouak !... (Nizza veut répondre.) S'il ne l'a pas inventé, il l'a bien perfectionné !...

NIZZA, avec dépit.

Mon père... vous ne l'avez jamais vu.

BAROGO.

Ni entendu... je m'en flatte. Et voilà l'homme qu'on a préféré à l'illustre Barogo ! Bélitre de public, va...

NIZZA.

Il est jeune... Et à votre âge le talent peut diminuer, la voix s'éteint.

BAROGO.

Mademoiselle, mon talent ne peut jamais diminuer ! Quand il y a du génie dans la tête... c'est avec l'âme que chante un véritable artiste.

NIZZA.

Air *du vaudeville de* l'Ours et le Pacha.

Quand la voix manque on chante faux ;
Mais votre orgueil est si robuste...

BAROGO.

Sur moi si l'on tient ce propos,
C'est qu'on n'a pas l'oreille juste.

NIZZA.

Allez, la voix est un trésor,
Et, malgré toute la science...

BAROGO.

Profonde erreur de l'ignorance!
Sans voix on est premier ténor :
Ça se voit tous les jours en France.

NIZZA.

Ah ! bah ! vous dites toujours cela... Vous vous créez des chimères, vous vivez d'illusions... et en attendant, nous mourons de faim.

BAROGO, allant à elle.

Qu'est-ce que c'est ? que signifie un tel langage ?... Je crois que vous me manquez de respect !

(Ici Paolo sort furtivement du cabinet à droite et se glisse à la porte du fond.)

NIZZA, à part.

Pas moyen de lui faire entendre raison.

BAROGO, avec tendresse.

Et maintenant venez dans mes bras, et n'ou-

bliez jamais que vous êtes la fille d'un grand homme !... (d'un ton familier.) Entends-tu, ma fille !

NIZZA, à part, essuyant une larme.

Pauvre père ! (Elle l'embrasse. A part.) Et tous les jours c'est la même chose.

SCÈNE VII.

BAROGO, PAOLO, NIZZA.

PAOLO.

Ah ! ah ! me voilà, bagasse ! Bonjour, mon professeur ! salut, mademoiselle Nizza ! Comment que ça va... les affaires, la santé, les écus ? Comment que vous pilotez tout ça ?

BAROGO.

Très bien, mon cher ami ! très bien... Je suis content... j'ai beaucoup d'élèves.

(Les autres échangent un sourire.)

PAOLO.

Eh ben ! tant mieux; si vous vous contentez comme ça... vous n'êtes pas difficile.

BAROGO.

Allons, je suis en verve ! Tu auras une leçon comme un prince n'en recevrait pas... J'ai l'enthousiasme de la colère... Dis donc, ce drôle de Belmonti qui chante ce soir *Belisario*... c'est-à-dire qui chante, qui crie.

PAOLO, à part, très frappé.

Comment ! le directeur m'aurait affiché sans me prévenir... (haut.) Vous êtes sûr qu'il chantera ce soir?

BAROGO.

Qu'il criera, qu'il beuglera... Je viens de le lire.

PAOLO, riant.

Ah ! çà, vraiment, là... il ne peut donc pas aller... c'est donc une ganache, ce chanteur ?

BAROGO.

Ah ! mon cher ! il te ferait pitié .. Des miaulements !... un chat en bonne fortune ! Dis donc, Nizza, est-ce que tu ne penses pas au déjeuner ?

(Paolo passe en haut à droite et fouille dans sa poche.)

NIZZA.

Dame ! si fait, mon père. Mais ce n'est pas le tout d'y penser.

(Elle le suit en tendant la main.)

BAROGO, qui n'a pas l'air de comprendre.

Bien ! ma fille, tu vas nous faire à déjeuner... et en attendant nous prendrons notre leçon avec Paolo.

PAOLO, à droite, à Nizza qui se trouve au milieu, bas et du ton de la voix ordinaire.

Tenez, voilà un mot pour le directeur; il vous remettra l'argent convenu.

NIZZA, bas, avec sentiment.

Ah ! merci ! merci ! (haut.) Oui, mon père... je vais chercher le déjeuner, et je reviens.

(Elle remonte à gauche au fond, ouvre l'armoire et y prend un panier.)

BAROGO.

C'est ça, fais beaucoup de provisions... (à part.) Si je sais comment elle s'en tirera... Être réduite à servir son père ! pauvre et méconnu !... (remontant un peu.) Va, fille de l'artiste !... tu mettras du Parmesan dans le macaroni, si tu en as... si tu n'en as pas, tu en achèteras... *un pocco !*

NIZZA.

Oui, mon père.

BAROGO.

Va, tu seras un jour la plus célèbre prima donna... Alors de la gloire, de l'or !... Ah ! et un peu de saucisson de Bologne, pour régaler ton petit père !... Car, enfin, il faut que le génie mange... (redescendant à droite.) C'est la seule infirmité qui nous rapproche de l'espèce vulgaire.

(Nizza est sortie par le fond.)

SCÈNE VIII.

PAOLO, BAROGO.

BAROGO.

Eh bien ! garçon, avons-nous fait quelques gammes, ce matin, en roulant nos tonneaux sur le port ? La gamme, vois-tu, c'est la source de l'art... Depuis quarante ans j'en fais quatre heures par jour, et tu vois où je suis arrivé.

PAOLO.

Tron de l'air ! je ne fais que ça aussi. Et je dois vous le dire, le capitaine trouve que sa besogne il va pas assez vite.

BAROGO.

Laisse-le dire ! Tu quitteras bientôt la jaquette du matelot et le chapeau ciré pour la toge et le turban.

PAOLO.

Que voulez-vous dire ?

BAROGO.

Je nourris un grand projet pour ton avenir... (avec mystère.) Nous quittons cette ingrate patrie, nous passons en France... Les malheureux Français demandent des ténors dans toutes les villes ; ils se font voler leur argent par des farceurs qui leur disent : « Messieurs, nous sommes premiers ténors. — Soyez les bienvenus !... » Ils chantent, et votre serviteur... pas plus de voix que sur la main... le pays n'en produit pas. Juge comme on nous paiera ! Nous sommes Italiens, mais ça ne fait rien... ils prendraient des Allemands, des Iroquois, des Chinois. Qu'on parle anglais, néerlandais ou charabia, ça leur est égal

aux Français... Grande nation ! va, nous t'en donnerons des ténors !... Nous allons prendre notre leçon... sur *Bélisaire*, hein ! et je suis sûr que ce soir tu chanteras comme un ange.

PAOLO.

Oh ! monsieur Barogo ! pour ce soir j'en suis fâché, mais ne comptez pas sur moi.

BAROGO, regardant autour de lui.

Tais-toi. Écoute, je n'en parle pas devant ma fille pour ne pas la voir pleurer... mais apprends que je suis dans une situation désespérée... point d'argent, plus de crédit ; chassé demain de cette maison, sous prétexte que j'ai oublié de payer le loyer.

PAOLO.

Quoi ! vraiment ?

BAROGO.

Eh bien ! je ne compte que sur la recette de ce soir pour me sauver d'ici, pour fuir cette ingrate patrie... enfin (pardonne-moi cet affreux calembourg) pour sortir à jamais de l'état de Gêne, où je me trouve... Refuseras-tu encore de me rendre service ?

PAOLO, attendri, embarrassé.

Mon Dieu ! comment voulez-vous que j'en aie le courage !

BAROGO, lui ouvrant ses bras.

Ah ! tu es un artiste... Allons, attention !

DUO, de M. Doche.

BAROGO, avec un enthousiasme comique pendant tout le morceau.

Dans mes leçons je me propose
De t'enseigner mon art divin,
Et de te rendre virtuose,
Grand comme moi, célèbre enfin.

PAOLO.

Qui, vous, me rendre virtuose ?

BAROGO.

Je veux te rendre virtuose.

PAOLO, riant.

Vous aurez du mal, c'est certain.

ENSEMBLE.

PAOLO, riant.

Digne de vous ! vraiment je n'ose
Espérer un si beau destin.

BAROGO se met au piano.

Non, non, commence donc en virtuose,
Et de moi montre-toi digne enfin.

PAOLO, chantant.

Tremble, Byzance !
Guerre et vengeance !
Tremble, Byzance !
Tremble déjà !

BAROGO.

Mon élève, halte-là !
Quand tu dis : Tremble, Byzance !
Une petite cadence...

PAOLO.

Vous voulez une cadence ?

BAROGO.
Elle est là de circonstance;
Le *tremolo* vient bien, vraiment,
Quand il s'agit de tremblement.

(Il chante en chevrotant.)

Tremble, Byzance!
Guerre et vengeance!
PAOLO.
Tremble, Byzance!
Tremble déjà!
Est-ce bien?
BAROGO, se levant.
Oui, c'est mieux, cela.
PAOLO.
Est-ce bien?
BAROGO.
Oui, c'est mieux déjà.

ENSEMBLE.

PAOLO, à part.
Il faut contenter sa manie...
Pauvre vieux fou de maëstro!
S'il faut imiter Barogo,
Mon succès ne sera pas beau.
BAROGO.
C'est bien; tu comprends mon génie!
Suis mes leçons, mon Paolo;
Imite-moi, tu seras beau!
Ce soir, mon Paolo,
Le public te dira bravo!

PAOLO, chantant.
O Bélisaire! leur sang coulera!...
BAROGO, qui s'est levé.
Tu dis ton sang... comme s'il s'agissait
D'un cent de dominos ou d'un cent de piquet.

ENSEMBLE.

PAOLO.
L'impatience me prend déjà.
BAROGO.
Des larmes dans la voix,
Des larmes dans les yeux.

PAOLO.
Restons-en là.
BAROGO, qui s'est remis au piano.
Non, écoute encore cela :
O Bélisaire! leur sang coulera...
PAOLO, répétant.
O Bélisaire! ton sang coulera.
BAROGO.
C'est mieux cela!
Et puis, vois-tu, mon cher élève,
Quand tu veux jurer par ton glaive,
Pour l'imiter, prends ce couteau;

(Il prend un couteau de bois qui se trouve sur le
piano.)

Ce sera noble, ce sera beau.

BAROGO et PAOLO, avec transport.
Tremble, tremble, Byzance!
De ma juste vengeance!...
Ma main vous portera des coups...
Je vous frapperai tous.

(Ils se séparent et marchent avec fureur chacun d'un
côté.)

Guerre et vengeance!

ENSEMBLE.

PAOLO, à part, riant.
Il faut contenter sa manie...
Pauvre vieux fou de maëstro!
S'il faut imiter Barogo,
Mon succès ne sera pas beau.
Pauvre vieux fou de maëstro!
Imiter Barogo, ce serait beau!
BAROGO.
C'est bien ; tu comprends mon génie!
Suis mes leçons, mon Paolo;
Imite-moi, tu seras beau;
Ce soir, mon Paolo,
Le public te dira bravo!
Suis mes leçons, mon Paolo,
Et ce soir le public crira bravissimo!
Ah! que c'est beau!

(Il embrasse son élève avec transport.)

SCÈNE IX.

BAROGO, NIZZA, qui rentre, rapportant des provisions dans un panier, PAOLO.

NIZZA, du fond.
Voilà, mon père! vous serez content, je crois ..
macaroni, saucisson de Bologne, des ravioli, du
vin de Rossolio...

(Elle dépose ses provisions sur la table à manger.)

BAROGO, passant et prenant le milieu.
Diable! vive la joie!... Paolo, mon élève, vous
avez coopéré à la recette, vous déjeunerez avec
votre maître... à sa table!... le grand artiste n'a
pas de fierté... (à part, en passant à droite.) Je suis
bien aise de le retenir... car il a l'air de vouloir
me planter là.

PAOLO, au milieu, à part.
Je voudrais bien pouvoir m'en aller!
BAROGO.
Mais où as-tu trouvé ce Rossolio ?
NIZZA, toujours à la table au fond.
C'est une dame, la vieille comtesse de Monte-
fiorri, qui l'a envoyé.

(Elle regarde Paolo.)

BAROGO, au public.
C'est une femme qui m'aura entendu chanter.

(Nizza va et vient de l'armoire à la table pour mettre
le couvert.)

PAOLO, bas à Nizza.
Avez-vous reçu l'argent du directeur ?
NIZZA, de même.
Eh! oui! Sans vous, comment aurais-je fait ?
PAOLO, bas.
Bon; d'après cela, je ne serai pas forcé de

2

chanter ce soir avec lui... (haut.) Ah ! çà, au revoir, mon professeur... j'ai une course à faire pour mon capitaine...

BAROGO, remontant vivement.

Du tout ! Nizza, ferme la porte !... il veut s'en aller, il fait des cérémonies !

NIZZA, du ton le plus gracieux.

Allons, restez, monsieur Paolo ; vous ferez bien plaisir à mon père et à une autre personne.

PAOLO, à demi-voix.

Ah ! sirène, que vous êtes !

BAROGO.

Allons, petite, servez le déjeuner de votre illustre père... la postérité vous récompensera... (Nizza et Paolo apportent la table servie sur l'avant-scène au milieu. Regardant la table.) Quel luxe !... Chacun un verre, des assiettes non ébréchées... Ah ! ma fille, vous administrez fort bien les recettes ! Buvons*.

BAROGO, trouvant le vin bon.

Il y a longtemps que je ne me suis senti si heureux !

PAOLO, bas à Nizza, pendant qu'il boit.

Dites que l'argent que vous avez reçu vient du directeur... Cela me dispensera de chanter ce soir avec lui ; car il faut que je joue... je suis affiché.

NIZZA, bas.

Vraiment ?... oui, oui. (haut, avec gaîté.) Eh bien ! mon bon père, si vous êtes heureux aujourd'hui, c'est que vous avez un pressentiment...

BAROGO.

Du tout ! c'est que je déjeune !

NIZZA.

Si, si ! vous savez que nous allons sortir d'embarras... du moins, je l'espère enfin !

BAROGO, buvant.

Ma fille, le talent n'est jamais dans l'embarras.

NIZZA.

Sans doute, mais l'argent ne nuit pas... et qu'est-ce que vous allez dire si je vous en montre... Tenez... voyez, des ducats... de l'or... hein !... qu'en dites-vous ?

BAROGO.

De l'or !... *Per Baccho !* d'où sort cela ?

NIZZA.

S'il faut vous le dire... c'est le directeur du théâtre qui vous l'envoie !

BAROGO, qui mange et boit.

A moi de l'or ! de Fontanarose !... le misérable commence donc à me craindre !... mon petit concert effraie son grand théâtre !... il redoute la concurrence !

NIZZA.

Sachant que vous n'étiez pas dans une position bien heureuse...

BAROGO, fièrement.

Est-ce que je lui ai demandé quelque chose ?

* Paolo, Nizza, Barogo.

Ai-je besoin de ses secours ?... Prétendrait-il m'humilier ? Par sainte Cécile... si je le savais !

PAOLO, à part.

Allons, le voilà parti... (haut.) Mais monsieur Barogo... il ne faut pas croire...

NIZZA.

Non, non, mon père ; son intention est de vous offrir une place dans son administration.

BAROGO, flatté.

Il veut me rendre ma place de premier ténor ?

NIZZA.

Pas tout de suite... répétiteur, chef des chœurs d'abord, pour vous faire rentrer.

BAROGO, colère et se levant.

Chef des chœurs !... indignité !... Je ne veux rien de lui... Et vous avez pu, vous ! ma fille ! recevoir le prix de mon déshonneur ?

(Les autres reportent la table au fond.)

NIZZA.

Eh bien ! non ! non, mon père... S'il faut vous l'avouer, c'est pour moi, un présent qu'il a voulu me faire, pour tâcher de se raccommoder.

BAROGO.

C'est donc pour te séduire ! Mon chapeau ! Où est cet or ?... Donne-moi cet or.

NIZZA, effrayée.

Mon Dieu ! le voilà, mon père... Que voulez-vous faire ?

BAROGO.

Le lui jeter à la figure.

PAOLO, voulant l'arrêter.

Mais, tron de l'air ! s'il veut engager votre fille... gardez toujours son argent.

BAROGO.

Jamais !

AIR *du vaudeville de Turenne.*

Ma fille, est-ce ainsi qu'on te juge ?
Tu déserterais mon parti !
Quoi ! ma fille, comme un transfuge,
Chanter dans le camp ennemi !...

PAOLO et NIZZA.

Mais écoutez...

BAROGO.

     L'honneur me parle ici.
Un Grec obligé par les Perses !
Non, je repousse un tel présent !
C'est Hippocrate refusant
Les napoléons d'Artaxerces.

(Il leur échappe et sort furieux.)

SCÈNE X.

PAOLO, NIZZA.

NIZZA, au fond.

Mon père ! mon père !... Il le fera comme il l'a dit... il va rendre cet argent, notre seule ressource !

PAOLO, de même.

C'était bien la peine de l'arracher à ce vieux Harpagon de directeur!

NIZZA, avec espoir.

Mais au théâtre ils ne sauront ce qu'il veut dire... ils le refuseront.

PAOLO.

Fontanarose n'y comprendra rien, mais il reprendra l'argent, je le connais!

NIZZA.

Ah! mon Dieu! Et le propriétaire, et nos créanciers!... Nous voilà plus embarrassés qu'avant.

PAOLO, redescendant.

Plus d'argent ici... il ne me fera pas grâce de la soirée... il faudra chanter... Et moi qui joue ce soir... Si je lui manque de parole, il ne me recevra plus! Quel diable d'homme!

NIZZA, descendant.

Mais, si vous jouez... si vous êtes affiché... comment faire?

PAOLO.

Comme ça se pratique... j'ai la ressource du rhume de circonstance, du mal de gorge obligé... C'est bien vieux, mais les directeurs sont toujours forcés d'y croire.

NIZZA.

Mais c'est risquer beaucoup.

PAOLO.

J'aime encore mieux cela que de m'exposer à ne plus vous voir... Vite une lettre. (Nizza lui apporte l'écritoire qui est sur la petite table. Écrivant debout sur le coin du piano.) « Mon cher directeur, changez le spectacle ; il me sera impossible de chanter ce soir ; je suis horriblement enrhumé, sans cela je me serais fait un plaisir de vous rendre service... mais si je chantais je serais forcé de vous demander ensuite 15 jours de relâche. »

NIZZA.

Et le médecin!

PAOLO.

Ah! oui!... « Ne m'envoyez pas le médecin du théâtre, je ne le recevrais pas... C'est un âne qui ne connaîtrait rien à ma maladie... Croyez-moi votre bien dévoué pensionnaire. » Faites vite porter ce mot au théâtre, et je suis à vous pour la soirée.

NIZZA.

Je crains vraiment...

PAOLO.

Non, non, tout ira bien.

(Nizza sort avec la lettre.)

SCÈNE XI.

PAOLO, seul.

Mes deux personnages commencent à devenir difficiles à remplir... J'avis eu déjà bien du

bonheur de n'être pas reconnu... Ah! tant que sa fille, si jolie, si bonne, sera auprès de lui... (Après un temps.) Quelle idée... Eh! oui... il n'y aurait que cela, un coup d'éclat qui ferait tomber l'opposition de ce vieil Artaban lyrique! Ce serait hardi... si je puis décider Nizza...

SCÈNE XII.

LA COMTESSE, paraissant au fond avec mystère, PAOLO.

PAOLO se retourne étonné.

Qui donc vient là?

LA COMTESSE, à voix basse, appelant.

Mademoiselle! Personne! Ciel! un homme!

(L'orchestre joue en sourdine l'air : L'amour nous appelle, du Pré aux Clercs.)

PAOLO.

Quelle est cette femme?

LA COMTESSE, mystérieusement.

Seriez-vous le nommé Paolo?

PAOLO, détournant le visage en se cachant avec son chapeau.

Madame...

LA COMTESSE, étendant la main et s'avançant.

C'est vous qui chantez avec Barogo? c'est vous qui avez renvoyé chez le concierge du palais Montefiorri...

PAOLO, bas.

C'est de la part de la vieille comtesse, ou c'est elle-même!... (haut.) Eh bien! oui, madame!

LA COMTESSE.

Vous vous êtes mépris sur les intentions qu'on avait à votre égard; mais la personne qui s'intéresse à vous veut vous avertir... (faisant un pas et baissant la voix.) que vous courez les plus grands dangers. Oui, vous avez été signalé à la cour; on vient de le savoir au palais du gouvernement.

PAOLO.

Comment cela? quoi? Je ne comprends pas.

LA COMTESSE.

Il n'est pas prudent de s'expliquer ici. Tout à l'heure un valet déguisé viendra vous prévenir qu'une voiture, sans armoiries, sera à vos ordres et pourra vous amener dans une maison amie, où l'on vous sauvera du péril qui vous menace.

PAOLO.

Mais, madame...

LA COMTESSE.

Du bruit! quelqu'un vient... Pas un mot de plus, et silence!

(Elle sort vivement et se rencontre avec Barogo qui, étonné, la salue.)

SCÈNE XIII.

BAROGO, PAOLO.

BAROGO.

Quelle est donc cette dame, mon gaillard ? Est-ce que vous auriez des bonnes fortunes chez moi ? C'est que nous autres chanteurs...

PAOLO.

Ah ! çà, et les espèces ? Vous les avez encore, j'espère ?

BAROGO.

Je n'ai pas trouvé ce polisson de Fontanarose, mais j'ai jeté l'argent au nez de son caissier qui prétendait ne pas savoir ce que cela signifiait... Les drôles s'entendent, vois-tu ?

PAOLO, se rapprochant.

Mais, dites donc, ne vaudrait-il pas ben mieux nous arranger avec lui, et chanter sur son théâtre plutôt que devant ?

BAROGO.

Du tout ! qu'il se débarbouille avec son Belmonti ; tant qu'il l'aura, jamais d'affaire entre nous.

PAOLO, à part.

Essayons de le ramener... (haut.) Je me suis pensé une autre chose, moi... Qu'est-ce qui vous dit que cet argent ne venait pas de Belmonti lui-même, comme une preuve de son estime pour vous ?

BAROGO.

Eh bien ! il aura une preuve de mon mépris pour lui !

PAOLO.

On dit pourtant que c'est un bon garçon.

BAROGO.

Une canaille, mon cher ! un banquiste !

PAOLO.

Oui, mais vous ne savez pas ? Entre nous, on m'a dit qu'il trouvait mademoiselle Nizza fort jolie... Dites donc, papa Barogo, un mariage arrange bien des choses... Hein ? c'est mon idée. Que diriez-vous de ça ?

BAROGO.

Un mariage entre la fille de Barogo et Belmonti ! ma fille à ce saltimbanque !

PAOLO.

Tout ça, c'est des bêtises, monsieur Barogo ; vous refusez un bon parti pour la fille... Et cependant si elle l'aimait ? ça serait possible.

BAROGO.

Elle ! l'aimer ! Allons donc ! Qu'est-ce qui te fait imaginer ?...

PAOLO.

Quelquefois, l'hasard ! Tenez, la voilà justetement.

SCÈNE XIV.

LES MÊMES, NIZZA, au fond, au milieu.

NIZZA, surprise.

Ah ! vous êtes revenu, mon père... (bas, en allant à Paolo.) Votre lettre a été portée au directeur.

PAOLO, bas et vite.

Bon ! Ne me démentez sur rien

NIZZA, surprise.

Comment !

(Paolo lui fait des signes.)

BAROGO, noblement, à gauche.

Venez, mon Antigone ; répondez, et tremblez de souiller vos lèvres par un mensonge, aussi à craindre qu'une intonation fausse !

NIZZA, tremblante.

Que voulez-vous dire ?

BAROGO.

Connaissez-vous un monstre... (se reprenant.) non, je veux dire... connaissez-vous le sieur Belmonti ?

NIZZA, interdite.

Mais... comment ?

PAOLO, tout bas.

Dites que oui !

BAROGO, passant au milieu.

Ote-toi de là !... Une fille interrogée par son père n'a pas besoin de souffleur !

(Il met Nizza à sa droite. Paolo, de son côté, tâche toujours de lui faire des signes.)

NIZZA, à gauche.

Oui... oui... mon père... je le connais...

BAROGO, la regardant fixement.

Est-ce que tu ne le trouves pas fort laid ? Est-ce que tu ne le hais pas ?

NIZZA, à part, les regardant tous deux.

Mon Dieu ! que dire ? que répondre ?

BAROGO.

Tu ne le hais pas ?... Tu l'aimes donc, ce brigand... (se reprenant.) non, ce brillant chanteur...

NIZZA, poussée par les signes de Paolo.

Mon père... si je pouvais... s'il le fallait...

BAROGO, se contenant à peine.

Tu l'épouserais ?

NIZZA.

Si vous le vouliez... si vous l'ordonniez...

BAROGO, éclatant et remontant au fond en tournant le dos au public.

Enfant dégénéré !!! tu épouserais ce misérable !

NIZZA, reculant effrayée.

O mon Dieu !... (bas et de loin à Paolo.) Qu'est-ce que vous disiez donc ?

PAOLO, désappointé, à part.

Eh ! j'espérais tout le contraire !

BAROGO, se retournant.

Te l'ordonner! moi?... Mais c'est comme si le vieux don Diègue commandait à Chimène d'épouser le Cid!... Un monstre pareil! un homme que j'abhorrerai jusqu'au morceau final de mon existence!... jusqu'au chœur des banquettes du jugement dernier!...

PAOLO, à part.

J'ai fait là un beau chef-d'œuvre!

NIZZA.

Mais cependant qu'avez-vous à lui reprocher?

BAROGO.

Taisez-vous! Entre moi et lui, c'est la haine des Horaces et des Curiaces!... des *Montecchi* et des *Capuletti!*... J'aimerais mieux la contraindre par la plus affreuse rigueur à épouser le premier venu... tiens, toi, Paolo! mon élève ingrat!

PAOLO et NIZZA, avec joie.

Vraiment!... moi?... lui?...

BAROGO.

Oui! à toi, à toi, plutôt!... Tu vois bien! je te permets d'aimer cette fille indigne de mon sang! Prends-lui la main... baise-lui la main... va, mon garçon... embrasse-la même; tu es autorisé... et que jamais Belmonti ne puisse l'approcher!...

(Il la jette dans les bras de Paolo et se trouve le premier à gauche.)

NIZZA, riant et bas à Paolo.

Il n'y a guère moyen de lui en vouloir.

PAOLO, à Nizza, sur le devant à droite.

Je prends toujours... tant pire pour monsieur Belmonti.

NIZZA, à demi-voix, se laissant embrasser.

Nous voilà réunis et plus séparés que jamais!

●•●•●•●•●•●•●•●•●•●•●•●•●•●•●•●•●•

SCÈNE XV.

LES MÊMES, LE VALET CARLINI en petite livrée.

LE VALET, accourant.

Monsieur... monsieur...

BAROGO et NIZZA.

Qu'est-ce donc?

PAOLO, à part.

Mon domestique!... (s'approchant de lui.) Silence! (haut.) C'est vous, monsieur Carlini?... Vous me cherchez?...

LE VALET, qui a compris.

Oui, monsieur Paolo... une lettre fort pressée... (bas.) C'est du directeur; il vous cherche partout... Je crains qu'on ne m'ait suivi.

PAOLO, lisant la lettre, à part sur le devant.

« Monsieur, si vous ne jouiez pas, il faudrait rendre la recette, et j'aimerais mieux rendre l'âme... Je vous attends dans une heure au théâtre... malgré votre prétendu mal de gorge... ou bien, pour nous la couper, dans le faubourg San-Sebastiano. »

BAROGO, à part, regardant le domestique.

Quel genre! C'est un élève qui m'arrive ou un poulet de la dame qui est venue ici tout à l'heure.

PAOLO.

Monsieur Carlini... c'est bien, je m'y rendrai... (bas.) Tu retourneras chez moi...

(Le domestique va pour sortir et s'arrête en voyant entrer Pietro.)

●•●•●•●•●•●•●•●•●•●•●•●•●•●•●•●•●•

SCÈNE XVI.

LES MÊMES, PIETRO en noir, sans signe de livrée.

PIETRO, au fond et regardant avec mystère.

Ça doit être ici le seigneur Paolo?...

BAROGO.

Encore un!...

PAOLO, surpris.

C'est moi... Que voulez-vous?

PIETRO.

Un message secret... (Il s'approche, et Barogo en fait autant sans être aperçu.) Je viens prendre vos ordres; je dois tenir à votre disposition la voiture de la comtesse de...

BAROGO, s'avançant entre eux.

Une comtesse! On veut m'enlever mon élève... Paolo renonce aux grandeurs... nous sommes grands l'un par l'autre! Sortez, laquais.

PIETRO.

J'attends la réponse de son excellence.

BAROGO, repassant.

Son excellence! Vil courtisan!

PAOLO, bas et remontant en haut.

Que la voiture attende au bas de la promenade de *l'Acqua Sola...* dans une heure.

●•●•●•●•●•●•●•●•●•●•●•●•●•●•●•●•●•

SCÈNE XVII.

LES MÊMES, UN HUISSIER du gouvernement *.

L'HUISSIER, en haut.

De la part de monseigneur le duc, le gouverneur de Gênes.

TOUS, surpris.

Le gouverneur!

L'HUISSIER.

Qui de vous se nomme Paolo?

PAOLO.

Moi... Que me veut-on?

L'HUISSIER.

Je dois vous signifier l'ordre de vous rendre dans une heure au palais du gouvernement.

* Nizza, Barogo, Pietro, l'huissier, Paolo, son domestique.

PAOLO.

Comment !... que voulez-vous dire ?
(L'huissier lui donne l'ordre.)

BAROGO et LES AUTRES.

Lui ! au palais !...

BAROGO, passant sur le devant.

On m'enlève mon élève !... je suis perdu...
Dans une heure... songe donc ! notre concert !

PAOLO, à demi-voix.

Silence ! ne dites rien. C'est bien, monsieur ;
je m'y rendrai dans une heure. (à part, en prenant le milieu sur le devant de la scène.) Ma foi ! la
situation se complique ..

AIR : *L'étrange affaire* (Domino noir).

Une comtesse
M'attend ce soir,
Puis une altesse
Qui veut me voir !
Chanter, combattre !
Triple danger...
Il faut en quatre
Me partager.

ENSEMBLE, et TOUS, à part.

NIZZA *.

L'étrange affaire !
J'en ai grand peur.
Que veut lui faire
Le gouverneur ?
Vraiment, je tremble
Ici pour nous...
Il donne ensemble
Trois rendez-vous !

BAROGO.

Dieux ! quel mystère !
Ça me fait peur.
Que veut-on faire

* Nizza, Paolo, Barogo, sur le devant ; Pietro, l'huissier, le domestique Carlini derrière eux.

De mon chanteur ?
Tout bas je tremble ;
Mais, garde à nous !
Restons ensemble,
Bravons-les tous.

L'HUISSIER.

Le secrétaire
A monseigneur
Ce soir veut faire
Voir ce chanteur.
Cela leur semble
Fâcheux à tous ;
Lui-même tremble
Du rendez-vous.

PIETRO.

Madame espère
A ce chanteur
Sans doute faire
Un grand honneur.
Cela lui semble
Dur, entre nous ;
Je crois qu'il tremble
Du rendez-vous.

LE VALET CARLINI.

L'étrange affaire !
Pour lui j'ai peur.
Que veut lui faire
Le gouverneur ?
Vraiment, je tremble
Ici pour nous...
Il donne ensemble
Trois rendez-vous !

PAOLO.

L'étrange affaire !
J'en ai grand peur.
Que veut me faire
Le gouverneur ?
Vraiment, je tremble ;
Il n'est pas doux
D'avoir ensemble
Trois rendez-vous.

ACTE DEUXIÈME.

Une place publique. A droite, la devanture et l'entrée d'un café. La salle de spectacle est censée se trouver
dans la coulisse, du côté droit. A gauche du public, au premier plan, la maison de la comtesse, avec une
fenêtre et un balcon praticable. Un fond de place publique, une fontaine, etc.

SCÈNE I.

LA COMTESSE, sortant de sa maison ; ensuite son
VALET, qui arrive du fond.

LA COMTESSE, d'un air inquiet.

Ah ! le voilà enfin... Allons donc, Pietro...
vous avez été bien longtemps... Vous vous serez
amusé à boire.

PIETRO.

Non, madame ; seulement il y avait dans un
café une jeune fille allemande qui jouait admi-
rablement du cornet à piston, et comme madame m'a recommandé de cultiver la musique...

LA COMTESSE.

Oh ! oui, la mélodie rend les hommes meil-
leurs, et surtout les domestiques... Mais avez-
vous vu cette personne ?

PIETRO.

On s'est rendu dans la *strada Marina*,
comme vous l'aviez recommandé, chez le signor
Barogo.

LA COMTESSE, vivement.

Je vous demande si vous avez vu la personne ?

PIETRO.

Elle a fait répondre qu'elle se trouverait ce soir à l'entrée du faubourg de *San-Pietro d'Arena*, et que là voiture devrait se trouver là pour l'y prendre.

LA COMTESSE, à part.

Enfin celui-là comprend donc l'avantage d'être poussé par une femme à la mode! (haut.) Allez, Pietro; donnez mes ordres à mon cocher, et que l'on soit exact.

PIETRO.

Oui, madame la comtesse. (à part.) Elle a encore quelque folie dans la tête.

LA COMTESSE.

N'écoutez aucune raison... ni plaintes ni questions. (à part.) Oh! un enlèvement, ça le flattera. (haut.) Vous amènerez cette personne, en entrant au palais, par la porte du jardin... vous prendrez l'avenue des oliviers... Vous comprenez bien? N'allez pas faire quelque sottise.

PIETRO, s'inclinant.

On ne fera que ce que vous dites, madame.

(Il rentre dans la maison.)

SCÈNE II.

LA COMTESSE, seule.

Je suis au comble du bonheur; il acceptera mes offres, et mon Paolo deviendra une célébrité.

Air : *Adieu, vous que j'ai tant chérie* (le Châlet).

Je veux que partout on le prône,
Qu'il soit en tous lieux applaudi;
Je veux l'habiller en *gant-jaune*,
Enfin en faire un vrai *dandy*.
Dans mes vapeurs, pour me distraire,
Ainsi qu'une reine en sa cour,
Pour me charmer la nuit... le jour,
J'aurai, j'aurai, j'aurai... mon chanteur ordinaire.

Ah! seigneur Belmonti! vous m'avez tenu rigueur!... J'abaisserai votre fierté, gros suffisant!... Quel sera son dépit quand j'aurai exhibé mon Paolo! Je suis sûr qu'il en maigrira. Pour commencer l'œuvre de ma vengeance, ce soir je ferai ma bouillotte et je prendrai les sorbets dans ma loge pendant ses plus beaux morceaux; et pour l'abreuver d'amertume, je veux être étourdissante de beauté, écrasante de parures, insolente de grâces!... Je n'en ferai que plus de sensation quand on m'amènera le jeune Paolo.

SCÈNE III.

LA COMTESSE, FONTANAROSE. Il arrive tout effaré en parlant à la cantonade, à droite.

FONTANAROSE,

Je vais courir le chercher, le trouver... Placez toujours le monde, recevez toujours l'argent... ne rendez pas un sou, pas un centime.

Air : *Voulant par ses œuvres complètes.*

Point de chanteur, c'est un obstacle;
Mais gardons-nous de l'avouer...
Pour un directeur de spectacle,
Il faut périr ou bien jouer.
On meurt ou l'on remplit sa tâche!
J'aimerais mieux, en ce moment,
Afficher mon enterrement,
Que de faire afficher relâche!

LA COMTESSE.

Eh! mon Dieu! qu'avez-vous donc, mon cher *impressario*?

FONTANAROSE, lui montrant la coulisse à droite du public.

Ne voyez-vous pas cette foule, cette désolante cohue, qui depuis une heure se fait un malin plaisir de s'entasser dans ma salle?

LA COMTESSE, riant.

Et vous vous plaignez?

FONTANAROSE.

Si je me plains!... Songez donc que j'aurai peut-être ce soir douze cents piastres de recette, et qu'il faudra peut-être les rendre!

LA COMTESSE.

Les rendre!

FONTANAROSE.

Ah! mais plutôt rendre l'âme!... oui! plutôt la mort que la recette; c'est la devise d'un directeur.

LA COMTESSE.

Vous devenez fou, je crois?

FONTANAROSE.

Ah! madame, un homme qui pourrait pratiquer la direction d'un théâtre pendant dix années sans être complétement idiot, entièrement fou, serait un être phénoménal qu'on pourrait montrer comme un animal fort curieux!... Savez-vous bien ce qui m'arrive aujourd'hui? Cet enragé, cet hydrophobe, ce paltoquet de Belmonti, ce révolutionnaire, car je ne sais quel nom... il ne veut pas chanter ce soir!

LA COMTESSE, vivement.

Allons donc! il n'en a pas le droit. Et sous quel prétexte?

FONTANAROSE.

Sous prétexte qu'il a mal à la gorge, et qu'il prétend que je lui dois ses appointements.

LA COMTESSE.

Ah! si vous lui devez...

FONTANAROSE.

Ce matin je lui ai envoyé un à-compte, et il
veut encore que je lui donne des avances...
C'est révoltant. Quelle ingratitude ! un homme
que j'aurais payé si j'avais eu de l'argent !

LA COMTESSE.

C'est épouvantable !... Pas de spectacle ce soir !
et moi qui aurais fait une toilette adorable !

FONTANAROSE.

Eh bien ! jugez quelles conséquences !...

LA COMTESSE.

Il faut empêcher un tel accident... Qu'allez-
vous faire ?

FONTANAROSE.

Je vais combattre...

LA COMTESSE.

Son entêtement ?

FONTANAROSE, d'un ton pathétique.

Sa personne ! Je lui ai adressé les supplications
les plus tendres et le cartel le plus féroce ! la pitié
et la terreur ! deux ingrédients des plus drama-
tiques... Si la pitié qu'inspire un malheureux
directeur ne l'amène pas sur les planches, le
point d'honneur l'amènera sur le terrain... Alors
je découvrirai cette poitrine et je lui dirai :
« Barbare ! perce-moi le cœur, ou je vais me
le percer... mais chante pour consoler mes mâ-
nes, qui se réjouiront encore à la vue de la recette... » Et il choisit ce soir, où le grand-duc a
retenu sa loge ! où tout ce qu'il y a de noblesse à
Gênes sera dans la salle, jusqu'à l'illustre comtesse de Montefiorri elle-même !

LA COMTESSE.

Sans doute ! mon intendant doit même vous
solder le prix de la saison.

FONTANAROSE.

Et tu ne jouerais pas, freluquet !... Je cours
sur le terrain !... Six heures ! le monstre doit
m'attendre ! Excusez-moi si je n'ai pas l'honneur
de vous offrir la main jusqu'au théâtre.

LA COMTESSE.

Je vous remercie... mon miroir me réclame.

FONTANAROSE.

S'il se dérobe à ma vengeance, j'irai me jeter
aux pieds du grand-duc ; il entendra ma prière.
Il me faut ma recette, ma recette et *Belisario*...
Madame, il montera sur le théâtre ou je descen-
drai dans la tombe... Agréez l'hommage de mon
respect.

(Il sort.)

LA COMTESSE, regardant à gauche.

J'aperçois la petite fille de ce vieux chanteur...
Mon futur protégé va peut-être venir... De cette
fenêtre je pourrai le voir et l'entendre.

(Elle rentre chez elle.)

SCÈNE IV.

NIZZA paraît ; elle est couverte du voile des Génoises.

AIR de M. Doche, ou *le nom de celui que j'aime*.

Voici la pauvre chanteuse...
Du ciel quand la nuit descend,
Elle vient, triste et honteuse,
Pour attirer le passant ;
Elle vient, hélas ! et, soupirant,
Pour chanter... en pleurant.

Et cette foule si moqueuse,
Qui passera sans s'arrêter,
Peut-être, si j'étais heureuse,
Viendrait à grands frais m'écouter !...
De mainte chanteuse qu'on prône,
Que n'ai-je le faste insolent !
Mais, quand il demande une aumône,
On ne peut pas croire au talent.

Courage, pauvre chanteuse ;
Car du ciel la nuit descend.
Il faut, triste et bien honteuse,
Tâcher de plaire au passant ;
Oublier un chagrin dévorant,
Et chanter, oui, chanter... en pleurant.

Allons ! préparons le modeste théâtre où mon
père dans sa folie s'obstine à paraître... le tapis, les
flambeaux, l'escarcelle... J'attends Paolo ; il m'a
promis de venir encore ce soir, mais pour la dernière fois... Pourvu qu'il ne soit pas reconnu en
chemin... Il ne s'est pas rendu chez le gouverneur, et il est tout inquiet de savoir ce qu'on lui
voulait... Ah ! mon Dieu, mon Dieu ! que je voudrais que cette soirée fût passée !... (Ici on voit un
petit garçon apportant une harpe.) Tiens, voilà ma
harpe qu'on apporte... Ce n'est point Paolo...
Est-ce qu'il n'aurait pas pu venir !... Si... je l'a-
perçois.

SCÈNE V.

PAOLO, avec sa mandoline en sautoir, NIZZA.

NIZZA.

Vous voilà ! Comme vous avez été longtemps...

PAOLO.

J'ai préparé un déguisement de circonstance...
Tenez !

(Il abaisse un bandeau noir sur ses yeux et le relève
ensuite sous son chapeau.)

NIZZA.

Pour n'être pas reconnu ?

PAOLO, riant.

La peur commence à me prendre... C'est que
je joue gros jeu ce soir... en ne jouant pas !...

NIZZA.

Je craignais déjà...

PAOLO.

Ah! c'est un rude métier que celui de chanteur ambulant!... Aussi j'y renonce tout-à-fait... et il faut faire aujourd'hui même au père Barogo une telle frayeur, à propos de sa fille chérie, qu'il puisse se décider à la donner au diable en personne, ou, qui pis est, *al signor Belmonti!*...

NIZZA.

Je ne comprends pas trop par quel moyen...

PAOLO.

Mon projet est arrêté là, depuis ce matin... et il est sûr: un bel et bon enlèvement!...

NIZZA, reculant.

Comment! monsieur, vous voulez m'enlever?

PAOLO.]

En tout bien, tout honneur!

NIZZA.

O Dieu! que penserait mon père?

PAOLO.

Qu'il faut nous marier... c'est toujours ainsi que se termine un enlèvement... Croyez-moi, si pendant quelques heures seulement il se voit séparé de son Antigone, sa fierté romaine cédera à la douleur.

NIZZA.

Oh! ce serait lui faire bien du mal...

PAOLO.

Pour lui rendre un peu de raison!... Voyons, dépêchons, avant qu'il n'arrive... Y consentez-vous?

NIZZA.

Mon Dieu! je ne sais...

PAOLO.

Eh bien donc! écoutez-moi. Ce soir...

LA COMTESSE, à sa fenêtre, à voix basse.

Il me semble que l'on a parlé.

NIZZA, qui a prêté l'oreille.

Chut!...

PAOLO, à part.

La comtesse!... Oh! sa voiture servira à deux fins... elle croira m'enlever, et j'enlèverai Nizza...

NIZZA.

Mais comment?

LA COMTESSE, à demi-voix.

Bel inconnu... est-ce vous?

PAOLO, à Nizza.

Chut!... on nous écoute! (bas à la comtesse.) Silence, madame, on nous entend! (à part.) Me voilà pris comme Leicester entre Élisabeth et Marie Stuart... Il faut pourtant convenir de nos faits... le père va arriver... Eh! en avant la barcarolle de situation.

(Il prend sa mandoline.)

PAOLO.

AIR : *Agnès la jouvencelle* (Fra Diavolo).

Quitte cette demeure...
Ou dis-moi que je meure!
Ce soir, la neuvième heure
Sera l'instant fatal,
Si tu ne viens à mon signal.

Ce soir, ce soir, près du fanal!
Un page, en un carrosse noir,
viendra (*bis*) nous recevoir.
Ma reine!
Vois ma peine!
Dis-moi que tu consens...!

ENSEMBLE.

NIZZA et LA COMTESSE.

Je t'entends... je comprends...
Je t'aime.. et je consens!

PAOLO.

Réponds à mes accents!
Oui, je t'attends là-bas,
Dis-moi que tu viendras.

(La comtesse enchantée disparaît et ferme la fenêtre; en entendant venir Barogo, les deux autres se séparent vivement.)

SCÈNE VI.

LES PRÉCÉDENTS, excepté la comtesse qui est rentrée; BAROGO, apportant un bâton avec une pancarte, sur laquelle on lit : Grand Concert Barogo, vocal et instrumental. Bélisario, etc., etc. Il vient de la gauche.

BAROGO entre et parle au fond à quelques promeneurs des deux sexes qui le suivent.

Oui, messieurs, lisez mon écriteau! voilà mon affiche... Ce soir ma troupe vous chantera les plus beaux morceaux du *Belisario del signor Donizetti*... orchestre complet, trois musiciens! Par extraordinaire, pour cette fois seulement, la salle sera éclairée *a giorno*... Ma fille, pour aujourd'hui mettez quatre lumières...

(Il plante le bâton de son écriteau par terre.)

NIZZA.

Oui, mon père...

BAROGO.

Je ne fais pas comme les directeurs des théâtres royaux, moi!... je ne fais pas d'économies de bouts de chandelles!... Pour plaire au public, je n'épargne ni ma caisse ni ma voix... Et j'ai un ténor, moi... et qui a de la voix et du physique... un très beau physique... (Il regarde Paolo, qui a mis son bandeau sur un de ses yeux.) Eh! que diable as-tu donc sur les yeux?

PAOLO.

Oh! ne faites pas attention, monsieur Barogo... c'est une noire; j'ai manqué de m'éborgner!

BAROGO.

Bien, bien... Cela ne t'empêchera pas d'enfoncer ce faquin de Belmonti... et de faire honneur à ton illustrissime professeur.

(Ici les passants commencent à s'approcher et viennent de différents côtés.)

SCÈNE. VII.

LES MÊMES, PROMENEURS DES DEUX SEXES.

BAROGO, PAOLO, NIZZA et le CHŒUR.

AIR : *Achetez, achetez* (Eau merveilleuse).

Accourez
Nous allons en plein air,
Venez,
En vrais amateurs de musique,
Entendre un concert dramatique;
 Il est magnifique
 Et pas cher!

(Les promeneurs prennent des chaises devant et dans le café et s'asseyent à droite du public. Pendant ce temps, Nizza et Paolo étalent le tapis; le petit garçon, qui a une petite lanterne, a allumé la planche sur laquelle sont placées quatre bobèches et quatre chandelles. Les chanteurs forment un tableau à gauche.)

BAROGO.

A ta harpe, Nizza. Ah! mais, ta rampe est fort mal disposée... (Il replace deux chandelles d'une autre manière. Pendant que Barogo dispose les instruments et les chandelles, aidé par Nizza et Paolo, il dit :) Allons, attaquons!...Tu vas commencer par une chanson de ton pays, ça fera venir le monde...

PAOLO.

Oui, oui, dépêchons-nous... (bas.) Et vous, chère amie, aussitôt que nous aurons fini... allez vite m'attendre près de la tour du fanal.

NIZZA, bas.

J'y serai.

PAOLO chante la Gasconne, ou tout autre air le plus avantageux pour l'acteur.

PREMIER COUPLET.

Un soir dé cette automne,
Dé Bordeaux revenant,
Je vis nymphe mignonne
Qui s'en allait chantant :
On rit, on jase et l'on raisonne,
On s'amuse un moment.

DEUXIÈME COUPLET.

Je vis nymphe mignonne,
Qui s'en allait chantant :
C'est la jeune Simonne,
Berte comme un printemps.
On rit, etc.

TROISIÈME COUPLET.

C'est la jeune Simonne,
Berte comme un printemps:
Dans mon humeur gasconne,
Je suis entreprenant, etc.

BAROGO fait la quête et reçoit de l'argent.

Bon! un sequin de Florence, un écu de Saint-Jean-Baptiste... et des *picaillons*... Tiens, ma fille!... voilà pour un souper splendide!

NIZZA, enchantée de s'en aller.

J'y cours, mon père.

PAOLO, à demi-voix.

Je vous rejoindrai bientôt.

SCÈNE VIII.

LES MÊMES, SPECTATEURS FURIEUX, sortant de la salle.

AIR : *Ah! c'est effroyable!* (de Mlle Clairon.)

Ah! c'est effroyable!
C'est épouvantable!
C'est abominable!
Nous traiter ainsi!
Peut-on le comprendre!
Si longtemps attendre,
Pour ne pas entendre
Signor Belmonti!

BAROGO, enchanté.

Bravo!... il paraît qu'on se bat au théâtre! Fontanarose reçoit les fruits de ma malédiction... nous allons faire une recette superbe!...

(Il arrête les promeneurs qui s'avancent.)

LE CHŒUR DES PERSONNES ASSISES.

La Cabaletta!... Bélisaire!...

BAROGO, avec emphase, aux assistants.

Messieurs, vous allez entendre, là, sur la place publique, pour rien, messieurs, pour rien, le fameux air de *Bélisario*, que le directeur du théâtre royal ne peut pas vous donner pour votre argent!... Allons, Paolo.

SCÈNE IX.

LES PRÉCÉDENTS, FONTANAROSE, LE SECRÉTAIRE et deux sbires. Ils paraissent au fond.

PAOLO.

AIR : *Fragment de la Cabaletta de Donizetti.*

Tremble, Byzance!
De ma vengeance
Tremble déjà!
Ce fer te punira.
De ta misère
Ma main te vengera!
O Bélisaire
Le sang coulera!

LE SECRÉTAIRE.

Arrêtez!

TOUS.

Comment ?

FONTANAROSE.

Respectez l'ordre du grand-duc; j'ai été me plaindre à lui; ma recette est manquée, je suis perdu, ruiné... (aux sbires.) et puisque ce garçon chante Bélisaire dans la rue, il le chantera sur le théâtre... Il faut que Belmonti soit remplacé.

PAOLO, résistant.

Comment diable voulez-vous paraître devant le public avec un œil poché ?

FONTANAROSE.

Qu'est-ce que ça fait ? Puisque Bélisaire est aveugle, il est clair qu'il a les yeux en mauvais état ; d'ailleurs monseigneur l'ordonne... Cent écus de Piémont pour toi.

PAOLO, à part.

Quelle bonne occasion pour lui arracher l'argent que je demande. (haut.) Six cents francs ? c'est pas assez, je veux mille francs.

FONTANAROSE.

Oh ! le scélérat ! il m'assassine ! On voit qu'il a des dispositions pour les ténors... Eh bien ! c'est convenu, si tu me sauves de ce désastre... ce soir, après le spectacle.

LE SECRÉTAIRE.

Je suis témoin du marché. Allons, allons ! dépêchons !

BAROGO, à part.

O bonheur ! je reprends mon empire. (haut.) Mon élève, mon simple élève !... Mais, directeur inhabile, il n'y a qu'un mortel au monde qui pourrait chanter Bélisaire.

FONTANAROSE.

Mais où est-il, ce mortel ?

BAROGO, se posant tragiquement.

Devant vous ; c'est moi !... Admire ma grandeur d'âme !

LE SECRÉTAIRE, LE DIRECTEUR, PAOLO.

Lui !

FONTANAROSE, à part.

Au fait, ça vaudrait mieux ; ce sera un Bélisaire de hasard ; si on n'applaudit pas, on rira.

BAROGO.

Je sais le rôle ; j'ai encore le costume... Ah ! c'est-à-dire, non ! il est quelque part.

FONTANAROSE.

Il y a celui de Belmonti.

BAROGO.

Me servir de sa défroque ! Je ne veux avoir aucun rapport avec ce drôle !

FONTANAROSE.

J'y consens ; seulement, Paolo sera là, et s'il le faut, il donnera les passages qui te gêneront.

TOUS.

Oui, bravo !

BAROGO.

Si Paolo veut donner quelques-uns de ces *ut* de poitrine, de ces *si* de tête, de ces *la* de je ne sais quoi, que l'ignorance admire, et que je ne donnerai jamais !... je le veux bien. Sacrifions à l'idole du jour.

PAOLO, à part.

Et la voiture de la comtesse, et Nizza qui doit m'attendre ! Impossible, en même temps, de ser-

vir le père et d'enlever la fille... On ne peut pas faire tout à la fois.

LE SECRÉTAIRE.

Venez, venez... courons !

BAROGO, en sortant.

Ah ! je t'en prie, envoie chercher ma fille... qu'elle soit témoin de mon triomphe !

TOUS.

AIR : *Allons, amis, partons bien vite* (de Mlle Clairon).

Bien vite sauvons la recette ;
Sauvons aussi mainte banquette,
Car le public veut tout casser ;
Il faut commencer.

(Au moment où ils sortent tous trois, on voit paraître le valet de la comtesse, qui sort de la maison. Pendant cette scène le petit garçon a enlevé les instruments et l'écriteau. La nuit à la rampe.)

SCÈNE X.

PIETRO, UN VALET, NIZZA.

NIZZA, dans l'hôtel de la comtesse.

Voulez-vous bien me laisser ou j'appelle au secours.

PIETRO, sur la porte de l'hôtel.

Retenez-la, retenez-la ; je cours chercher madame qui est au théâtre.

(Il sort vivement.)

NIZZA, criant et entrant vivement en scène suivi d'un valet.

Mais c'est affreux, cela !

LE VALET.

Mais, mademoiselle, ce sont nos ordres ; on ne veut pas vous faire de mal.

NIZZA.

Comment ! j'étais à la porte de la Lanterne ; je demande à des valets s'ils n'avaient pas vu un monsieur qui m'attendait... « C'est moi, me dit l'un d'eux ; montez toujours. » Je le fais, croyant que Paolo... Et puis la voiture part, on m'amène ici et l'on veut m'enfermer chez cette comtesse. Est-ce que par hasard, elle serait amoureuse de ma voix aussi ?

SCÈNE XI.

LES PRÉCÉDENTS, LA COMTESSE et PIETRO.

PIETRO.

Oui, madame, on a amené la personne ; mais elle crie, elle se débat et veut absolument vous voir.

LA COMTESSE, enchantée.

Ah ! pauvre enfant ! combien son impatience me flatte !

LES DEUX VALETS, l'un à la comtesse, l'autre à Nizza.
La voilà !

LA COMTESSE, avançant dans l'obscurité.
Ce cher Paolo !

NIZZA.
Qu'entends-je ? Elle attend Paolo !

LA COMTESSE.
Que vois-je ? la petite Barogo !

NIZZA.
Comment, madame, vous vous permettez de faire enlever...

LA COMTESSE.
Vous l'avez donc suivi ?

NIZZA, montrant Pietro.
Comment suivi ? Il l'a bien fallu, puisqu'il m'a fait monter dans la voiture.

LA COMTESSE.
Mais pourquoi étiez-vous avec lui ?

NIZZA.
Vos valets ont bien vu que j'étais toute seule.

LA COMTESSE, aux domestiques.
Comment ! imbéciles que vous êtes...

PIETRO.
Madame, ce n'est pas notre faute, nous n'avons trouvé que ça.

NIZZA.
Fi ! madame, moi qui devais être enlevée !...

LA COMTESSE.
Quoi ! vous osez en convenir ? Fi ! mademoiselle !

NIZZA.
Oui, madame, enlevée ! en tout bien, tout honneur... Mais, pas par vous, par un homme !... pour faire le bonheur de mon père. Que va penser ce pauvre Belmonti ?

LA COMTESSE.
Comment ! c'était ce fat !... cet homme sans goût !... Voilà donc ce qu'il me préfère ?

NIZZA.
Madame, sa voiture doit m'attendre ; laissez-moi partir... Vous voyez bien à présent qu'il y a eu erreur ?

LA COMTESSE.
Je ne vous retiens plus... c'est une méprise... Moi, je n'aspire qu'à faire le bonheur du modeste Paolo.

NIZZA, plus étonnée.
Comment ! Paolo, à présent ? Mais c'est une horreur !

LA COMTESSE.
Vous l'aimez aussi... il vous en faut donc deux ?

NIZZA.
Deux !... c'est que vous ne savez pas... (à part.) Je ne puis parler... (haut et criant.) Mais qu'est-ce que vous vouliez en faire, madame ? Je vois ce que c'est, vous l'avez séduit.

LA COMTESSE.
Apprenez que je n'ai jamais séduit personne... Vous êtes une petite sotte et une impertinente.

NIZZA.
Et vous, vous êtes... une vieille comtesse et une extravagante... Courons retrouver Belmonti !

SCÈNE XII.

LES MÊMES, SPECTATEURS qui sortent du théâtre. Ensuite BAROGO, entrant entouré et applaudi par la foule qui rit autour de lui. Il a un costume grotesque de Bélisaire.

BAROGO, dans la coulisse à droite.
Ma fille ! ma fille.

NIZZA, à part.
Il est trop tard... (haut.) Mon père... Mais que vois-je ?

CHŒUR, le montrant au doigt.
AIR du Barbier de Séville.
Ah ! Barogo ! Barogo ! Barogo !
      Bravo !
Barogo... qu'il est beau !
      Ah ! bravo !

Quel chanteur délirant
Et quel acteur sublime !

BAROGO, se pavanant.
Oui ! je crois être un grand
Ténor en pantomime !...

(Il leur prend la main à tous, et ils sortent en chantant.)

CHŒUR.
Ah ! bravo ! Barogo ! (bis.)
Bravo ! (bis.) bravissimo !

LA COMTESSE, qui a pris son lorgnon.
Quelle est cette mascarade ?

BAROGO.
Merci ! messieurs, merci !

NIZZA.
Que s'est-il donc passé ?

BAROGO.
J'ai joué Bélisaire, je l'ai joué comme on ne le joue pas... Quel succès ! je n'ai pas fait un geste qui n'ait été couvert d'applaudissements... Tu vas voir la chose. On annonce au public que Belmonti ne peut pas chanter ; on réclame l'indulgence... de l'indulgence pour moi !... Enfin, c'est l'usage. Je m'avance, le regard imposant, l'attitude fière... et pas une goutte de sang dans les veines ; ça m'avait fait un peu d'effet... J'attaque... va te promener, pas une note ! de la voix comme un moineau privé... Heureusement Paolo s'était glissé...

LA COMTESSE et NIZZA.
Comment ! il était là ?

BAROGO.
Dans le trou du souffleur... il attaque en même temps... assez juste, ma foi !... J'écoute et je me dis : « Il va, il va, c'est bien ! faut le laisser

aller... »Et je me mets à faire les gestes des paro-
les qu'il chantait... Après mon premier récitatif,
que je mime largement, vient mon grand air...
Ah! j'ai été sublime d'expression! je faisais des
roulades avec mes yeux, des cadences avec mes
mains... Je prenais ça du plancher et je montais, je montais... je ne sais pas où allais... C'é-
tait admirable! aussi un tonnerre d'applaudissements; j'ai cru que la salle allait crouler... Je
salue avec dignité, on se met à rire à gorge dé-
ployée... ma perruque s'était un peu dérangée:
il faut si peu de chose pour faire rire le public!
La pièce continue, je gesticule des pieds et des
mains, je suis enlevé, je vais aux nues!... Cette
soirée sera le plus beau jour de ma vie.

LA COMTESSE, raillant.

Cela devait être curieux. Mais Paolo... était
là. Où est-il?

BAROGO.

Il a suivi le directeur pour recevoir le prix de
mon talent, l'argent qui nous revient.

NIZZA.

Ah! quel bonheur!

BAROGO.

Dis donc, et un engagement aussi... car j'ai
entendu Fontanarose qui lui disait: « Je vous
reconnais pour mon premier sujet. »

NIZZA.

Ah! mon Dieu!

LA COMTESSE.

Comment! je le perdrais aussi?...

BAROGO.

Oh! c'est sûr, à présent que j'ai enfoncé Belmonti... Aussi, vois-tu, Nizza, je veux que tu
épouses Paolo, ou je te maudis, d'abord.

NIZZA, avec joie.

Mais, mon père, je ne désire que cela au
monde.

LA COMTESSE, à Nizza.

En épouser un autre, quand vous aimez Belmonti!

NIZZA, vivement.

Ah! ça ne fait rien, allez; tout ça peut s'arranger.

LA COMTESSE.

A-t-on vu une petite immoralité pareille! (On
entend crier dans la coulisse :) Vive Belmonti! vive
Belmonti!

BAROGO.

Sont-ils bêtes! sont-ils bêtes!... Ils crient vive
Belmonti!... Ils croient que c'est lui qui m'a
aidé... C'est mon élève!... le voilà, on l'apporte
en triomphe!

LES PRÉCÉDENTS, FONTANAROSE, PAOLO.

(Il a repris ses habits bourgeois ; il est suivi d'amateurs et de personnes de la troupe en costumes ro-
mains.)

LA COMTESSE, FONTANAROSE, PAOLO, BAROGO,
NIZZA.

Air : *C'est elle, oui, c'est elle* (Domino noir).
L'idole du parterre,
C'est lui seul, le voici!
C'est le vrai Bélisaire,
Fêtons-le tous ici!

BAROGO, sans le regarder, allant prendre Nizza par la
main.

Viens, mon élève, viens, mon fils!... je te dois
la moitié de mon succès... je te dois une bonne
moitié... Je te donne ma fille! (En approchant de
Paolo, il le voit sous un autre costume.) *Che veggio!
quel spectacolo!*

PAOLO, s'avançant.

Paolo Belmonti, qui accepte et qui vous remercie.

BAROGO.

C'est donc une affreuse intrigue de mélo-
drame?... Suborneur! je te donne ma malédiction!

LA COMTESSE.

Ah! je triomphe... et j'espère qu'il me re-
viendra!

FONTANAROSE.

Comment! à lui qui t'a rendu tant de ser-
vices! car il m'a tout conté... Je vous réunirai
tous!... tu rentreras au théâtre.

BAROGO, avec orgueil.

Je le crois bien! tu n'es pas dégoûté!

FONTANAROSE.

Comme professeur!... et ta fille comme seconde donna.

NIZZA.

Ah! mon père!

PAOLO.

Oui! nous avons eu trop de succès ensemble
pour nous séparer... Nous jouerons demain *Tan-
credi!*

BAROGO.

Pour ce rôle-là j'en ai, des gestes héroïques...et
un peu ronflants... mais tu ne les auras pas!...
Dorénavant tu joueras tout seul; tu t'en tireras
comme tu pourras.

LA COMTESSE.

Bien, monsieur Barogo!... Je vous attacherai
à ma personne, à ma musique particulière!

NIZZA, le cajolant.

Mon père, rappelez-vous le prince russe qui a
payé vos dettes à Parme...

BAROGO.

Quoi?...

FONTANAROSE.

Le matelot qui m'enlevait mes spectateurs pour les donner à ton concert...

PAOLO.

Celui qui depuis plus d'un an aime votre fille...

LA COMTESSE.

Mais celui qui vous a fait tomber dans toutes les villes.

FONTANAROSE.

Et celui qui t'a fait reparaître sur la scène avec un succès si flatteur...

BAROGO.

C'était?...

FONTANAROSE, NIZZA, PAOLO.

Belmonti !... Belmonti !

BAROGO.

Belmonti, il serait vrai?... (chantant en bouffe.) *Ah ! vedete oggi qual è la mia clemenza, e questa di Tito !... Vi perdonno... miei figli !*

LA COMTESSE.

Allons !... entre Belmonti et Paolo il paraît que moi j'aurai...

FONTANAROSE, saluant.

Votre loge d'avant-scène !

NIZZA, désignant Paolo.

Et des *duos* tant que vous voudrez.

LA COMTESSE, à part.

O fatale passion de la musique ! encore un *ut* qui m'échappe !

BAROGO.

Mes enfants !... je ne tiens qu'à une chose, c'est qu'il soit reconnu (et mis dans les journaux) que nous avons énormément de talent, et qu'on ne voit pas beaucoup de ténors comme moi !... excepté à Paris, peut - être !... et encore... encore !...

CHŒUR GÉNÉRAL.

L'idole du parterre,
C'est lui seul, le voici !
C'est le vrai Bélisaire,
Fêtons-le tous ici !

BAROGO, prenant sous le bras sa fille et Paolo, et les amenant à part.

AIR : *Il me faudra quitter l'Empire.*

Pour réussir, qu'ici je vous l'apprenne,
Le directeur donne force billets...
Et puis, en outre, il met dans l'avant-scène
Plus d'une dame, avec de gros bouquets...
Moi, je veux être inondé de bouquets.
Par ce moyen, la réussite est sûre,
C'est à Paris un usage connu.

(Ici plusieurs couronnes et une nuée de fleurs tombent de la fenêtre de la comtesse, ou du cintre, ou de la salle aux pieds de Barogo.)

Quelle surprise !... Ah ! j'en suis tout ému !
Car, sur l'honneur ! messieurs, je vous assure
Que ce n'était pas convenu.

TOUS, reprenant.

Non, sur l'honneur ! messieurs, je vous assure, etc.

FIN DE BÉLISARIO.

AVIS AUX DIRECTEURS. S'adresser pour la musique de cette pièce, à M. R. Taranne, bibliothécaire du théâtre du Vaudeville.

IMPRIMERIE DE E. DUVERGER, RUE DE VERNEUIL, N° 4.

FRANCE DRAMATIQUE.

PIÈCES EN VENTE.

La Seconde Année.
L'École des Vieillards.
L'Ours et le Pacha.
Le Camarade de lit.
Le Mari et l'Amant.
Les Malheurs d'un Amant heureux.
Henri III, et sa cour.
Un Duel sous le cardinal de Richelieu.
Calas, de Ducange.
Michel et Christine.
Le Mariage de raison.
L'Homme au Masque de fer.
La Jeune-Femme colère.
L'Incendiaire.
La Vieille.
Le Jeune Mari.
La Demoiselle à marier.
Les Vêpres Siciliennes.
Le Budget d'un jeune ménage.
L'Auberge des Adrets.
Philippe.
La Dame blanche.
Toujours.
Dix ans de la vie d'une femme.
Le Lorgnon.
Bertrand et Raton.
Une Faute.
Le ci-devant jeune homme.
Marie Mignot.
Pourquoi ?
Richard d'Arlington.
La Chanoinesse.
Les Comédiens.
L'Héritière.
Léontine.
Le Gardien.
Dominique.
Le Philtre Champenois.
Le Chevreuil.
Le Charlatanisme.
Vert-Vert.
Brueis et Palaprat.
Une Fête de Néron.
Le Mariage extravagant.
Le Paysan perverti.
Pinto, en 5 actes.
La Carte à payer.
Le Mari de ma femme.
Les vieux Péchés.
Luxe et Indigence.
Zoé.
Louis XI.
Ninon chez madame de Sévigné.
Robin des Bois.
Marius.
Marie Stuart.
Les Rivaux d'eux-mêmes.
La famille Glinet.
Les Héritiers.
Jeanne d'Arc.
Les Maris sans femmes.
L'Assemblée de famille.
Mémoires d'un Colonel de Hussards.
Le Paria.
Les Deux Maris.
Le Médisant.
La Passion secrète.
Rabelais.
Les Deux Gendres.
Estelle.
Trente Ans.
Le Pré-aux-Clercs.
La Poupée.
La Tour de Nesle.

Changement d'uniforme.
Une Présentation.
Madame Gibou et Madame Pochet.
Est-ce un rêve ?
Fra-Diavolo.
Robert-le-Diable.
Le Duel et le Déjeuné.
Zampa.
Avant, Pendant et Après.
Les Projets de mariage.
Un premier Amour.
Napoléon, ou Schœnbrunn et Sainte-Hélène.
La Courte-Paille.
Le Hussard de Felsheim.
1760, ou les trois Chapeaux.
Bigoletti.
Robert Macaire.
Frédégonde et Brunehaut.
Gustave III.
Elle est folle.
L'Abbé de l'Épée.
Un Fils.
Les infortunes de M. Jovial.
M. Jovial.
Victorine.
Catherine, ou la Croix d'or.
La Belle-Mère et le Gendre.
Heur et Malheur.
Il y a Seize ans.
L'Héroïne de Montpellier.
C'est encore du Bonheur.
La Mère au bal, et la Fille à la maison.
Jean.
Les Étourdis.
Valérie.
Faublas.
Picaros et Diégo.
La Démence de Charles VI.
Une Heure de mariage.
Madame Du Barry.
Le Voyage à Dieppe.
Les Anglaises pour rire.
La Fille d'honneur.
Un Moment d'imprudence.
Le Dîner de Madelon.
Les Deux Ménages.
Le Bénéficiaire.
Les Malheurs d'un joli Garçon.
Robert, chef de Brigands.
Michel Perrin.
Une Journée à Versailles.
Le Barbier de Séville.
Les Cuisinières.
Le nouveau Pourceaugnac.
Marie.
Le Secrétaire et le Cuisinier.
Clotilde.
Le Bourgmestre de Saardam.
Le Roman.
Le Coin de rue, ou le Rempailleur de chaises.
Le Célibataire et l'homme marié.
La Maison en loterie.
Les Deux Anglais.
Le Mariage impossible.
La Ferme de Bondi.
Werther.
La Prison d'Édimbourg.
La première Affaire.
La Famille de l'apothicaire.
Don Juan d'Autriche.
L'Enfant trouvé.

Le Poltron.
Le Facteur.
Misanthropie et Repentir.
Le Châlet.
Perrinet Leclerc.
Moiroud et Compagnie.
Agamemnon.
Chacun de son côté.
Le Vagabond.
Thérèse.
Sans Tambour ni Trompette.
Marino Faliero.
Fanchon la Vielleuse.
Prosper et Vincent.
Glénarvon.
Le Conteur.
Le Caleb de Walter Scott.
La Dame de Laval.
Carlin à Rome.
Les Deux Philibert.
Les Couturières.
Couvent de Tonnington.
Le Landaw.
Une famille au temps de Luther.
Les Poteiais.
Honorine.
Angéline.
La Princesse Aurélie.
Les Petites Danaïdes.
Sophie Arnould.
Un Mari charmant.
Madame Larslette.
La Pie Voleuse.
La Famille improvisée.
Les Frères à l'épreuve.
Le marquis de Carabas.
La Belle Écaillère.
Les Deux Jaloux.
La Laitière de Montfermeil.
Les Bonnes d'Enfants.
Farruck le Maure.
Monsieur Sans-Gêne.
Madame de Sévigné.
M. Chapolard.
La Camargo.
Préville et Taconnet.
Le Bourru bienfaisant.
La Fille de Dominique.
Le Philosophe sans le savoir.
Rossignol.
Deux vieux Garçons.
La jeunesse du duc de Richelieu.
Le père de la Débutante.
L'Avoué et le Normand.
La Juive.
Un Page du Régent.
Les Indépendants.
Les Huguenots.
Mal noté dans le quartier.
L'Idiote, drame en 4 actes.
Suzette.
Guillaume Colmann, dr. en 5 actes.
Les Deux Edmond.
Le Serment de Collège.
La Vie de Garçon.
La Camaraderie.
Le Commis-Voyageur.
La Liste de mes Maîtresses.
Aliz, ou les Deux mères.
99 Moutons et un Champenois.
Harnali, parodie.
Un Ange au sixième étage.
Frascati, vaud, en 3 actes.

La Cocarde tricolore.
La Muette de Portici.
La Foire Saint-Laurent.
Clermont.
Le Pioupiou, v., en 5 actes.
Le Perruquier de la Régence.
Le Chevalier du Temple.
Le Mariage d'argent.
Le Camp des Croisés avec une préface et une Lettre de Victor Hugo à l'auteur.
Mademoiselle d'Aloigny.
Une vision, ou le Sculpteur.
Le Bourgeois de Gand.
Le Pauvre Idiot, d. 5 actes.
Louise de Lignerolles, dr. en 3 actes.
L'Homme de Soixante ans.
Marguerite.
La Belle-Sœur.
Céline la Créole, ou l'opinion, dr. en 5 actes.
Mademoiselle Bernard, ou l'autorité paternelle.
Précepteur à vingt ans.
Madame Grégoire.
La Cachucha.
Samuel le marchand, dr. en 5 actes.
Guillaume Tell, op. 4 a.
Henri Hamelin, drame en 5 actes.
Un testament de dragon.
Le Ménestrel, com. 5 a.
Les Bayadères de Pithiviers, vaud, en 3 tab.
Peau d'âne, en 5 a.
L'ouverture de la Chasse.
La Vie de Château.
Thérèse, opéra-comique.
L'Obstacle imprévu.
Richard Savage, dr. 5 a.
Le Grand-Papa Guérin.
Le Général et le Jésuite, drame en 5 actes.
La Boulangère a des écus.
Don Sébastien de Portugal, trag. en 5 actes.
C'est Monsieur qui paie.
Mademoiselle Clairon.
Ruy-Brac, parodie de Ruy Blas.
Une Position délicate.
Randal. dr. en 5 actes.
L'Enfant de Giberne.
Sept Heures.
Un bal de Grisettes.
Candinot, roi de Rouen.
Françoise et Francesca.
La Mantille.
Les Trois Gobe-Mouches.
Le Postillon Franc-Comtois.
Mademoiselle Niebon.
Dagobert.
Les Maris vengés.
Une Sainte-Hobert.
La Fille d'un Voleur.
Les Serments.
Le Planteur.
Jaspin, com. vaud.
Le Père Pascal.
Nanon, Ninon et Maintenon.
Phœbus.
Les Camarades du ministre.
Vingt-six ans.
La Canaille.
L'Éclair.

L'Intérieur des Comités en révolution.
La Laitière [illegible].
Robert [illegible].
La Femme [illegible].
Le Panier Fleuri.
Le Protégé.
Le Diamant.
Les Treize.
L'Eau merveilleuse.
Le Naufrage de la Méduse.
Geneviève la Blonde.
Industriels et Industrieux.
Le Pied de mouton.
La Grande Dame.
Passé Minuit.
Le Susceptible.
Le Pacte de Famine.
Le Tribut des Cent Vierges.
Isabelle de Montréal.
Une Visite nocturne.
Madame de Brienne.
Un Ménage parisien.
Les Brodequins de Lise.
Valentine.
La Belle Bourbonnaise.
Mademoiselle Desgarcins.
Passé Midi.
Les trois Quartiers.
La Nuit du Meurtre.
La Fiancée.
Les Ouvriers.
Un Jeune homme charmant.
L'Élève de Saumur.
La Carte blanche.
Chantre et Choriste.
Les Chansons de Béranger.
La Fille du musicien.
La Rose Jaune.
Le Shérif.
Les Filles de l'Enfer.
César ou le Chien du château Eustache.
Argentine.
L'Amour.
La Fiancée de Lammermoor.
Le Père de Famille.
Bélisario.

IMPRIMERIE DE E. DUVERGER, RUE DE VERNEUIL, N° 4.